LOS CUERPOS SON GENIALES

por Tyler Feder

Rocky Pond Books

Para Coco y Spinny ♡

ROCKY POND BOOKS
An imprint of Penguin Random House LLC, New York

First published in the United States of America by Dial Books for Young Readers,
an imprint of Penguin Random House LLC, 2021

Visit us online at penguinrandomhouse.com.

Library of Congress Cataloging–in–Publication Data is available.

Manufactured in China
ISBN 9780593617502

10 9 8 7 6 5 4 3 2 1
TOPL

Design by Jennifer Kelly | Text hand–lettered by Tyler Feder

The art for this book was drawn digitally, with love, by a left hand with a crooked index finger.

Cuerpos grandes y pequeños,
tan distintos, tan vitales,
bailan y juegan, risueños.
Son todos cuerpos geniales.

¡Qué hermosa es la variedad!
Bajos, altos, menudos, colosales,
cuerpos ni muy muy ni tan tan,
son todos cuerpos geniales.

Redondos o musculosos,
planos o esculturales,
gordos y gelatinosos,
son todos cuerpos geniales.

De piel oscura, aceitunada,
del color café, todas las variedades.
De piel durazno o rosada,
son todos cuerpos geniales.

Pelo lacio o rizadito,
o con ondas naturales.
Mucho pelo o ni un pelito.
Son todos cuerpos geniales.

Con cejas que chocan,
vellos en axilas y vellos faciales
sobre el mentón o la boca,
son todos cuerpos geniales.

Con ojos color avellana o café,
con gafas multifocales,
con ojos redondos u ojos que no ven,
son todos cuerpos
geniales.

Caras chuecas, labios abultados,
narices planas y descomunales.
¡Sonrisas de dientes separados!
Son todos cuerpos geniales.

Oscuros con manchas claras,
con motitas a raudales,
con pecas o zonas rosadas,
son todos cuerpos geniales.

Con dedos velludos, rugosos,
distintos, excepcionales,
dedos rollizos, brazos fofos,
son todos cuerpos geniales.

De panzas firmes o abultadas,
ombligos ocultos o que sobresalen,
de panzas chatas o embarazadas,
son todos cuerpos geniales.

Hay piernas gruesas, flaquitas,
hay rodillas monumentales.
¡Y hay piernas con rueditas!
Son todos cuerpos geniales.

Con cicatrices ostentosas,
tenues o testimoniales...
o que nos cuentan cosas,
son todos cuerpos geniales.

Ese cuerpo o el de la vecina,
el de elle, ella o él ¡tan reales!
Y el tuyo como TÚ lo definas.
Son todos cuerpos geniales.

Cuerpos que no son como antes, que envejecen pero son joviales,

cuerpos mágicos, cambiantes,
son todos cuerpos geniales.

Tu cuerpo, el mío, todos los cuerpos en algo son iguales, hay algo que es muy cierto: **LOS CUERPOS SON GENIALES.**